# MINISTÈRE DE LA MARINE

# DÉCRET

PORTANT SUPPRESSION

# DU CONSEIL D'AMIRAUTÉ

ET CRÉANT TROIS EMPLOIS

## D'INSPECTEURS GÉNÉRAUX
## UNE COMMISSION D'AVANCEMENT

ET RÉORGANISANT

## LE SERVICE HYDROGRAPHIQUE

**PARIS**
11, Place St-André-des-Arts.

**LIMOGES**
46, Nouvelle route d'Aixe

## Henri CHARLES-LAVAUZELLE
Éditeur

—

1891.

# DÉCRET

PORTANT SUPPRESSION

# DU CONSEIL D'AMIRAUTÉ

# DÉCRET

PORTANT SUPPRESSION

# DU CONSEIL D'AMIRAUTÉ

ET CRÉANT TROIS EMPLOIS

## D'INSPECTEURS GÉNÉRAUX

## UNE COMMISSION D'AVANCEMENT

ET RÉORGANISANT

## LE SERVICE HYDROGRAPHIQUE

PARIS
11, place St-André-des-Arts.

LIMOGES
46, Nouvelle route d'Aixe, 46

Henri CHARLES-LAVAUZELLE
Editeur militaire.

—

1891

# RAPPORT

AU

PRÉSIDENT DE LA RÉPUBLIQUE FRANÇAISE

Paris, le 21 octobre 1890.

Monsieur le Président,

La création du conseil supérieur de la marine, institué par décret du 5 décembre 1889, a répondu à un desideratum souvent exprimé. Il a placé auprès du Ministre un comité consultatif, composé des officiers généraux auxquels incombent en temps de guerre les premières responsabilités et chargé de donner un avis sur les questions relatives à la préparation à la guerre et à la meilleure utilisation de notre armée navale.

La constitution du conseil supérieur, l'autorité spéciale et incontestée de ses délibérations ont eu pour résultat de diminuer en nombre et surtout en importance les affaires à soumettre au conseil d'amirauté, dont les attributions se réduisent aujourd'hui :

1° A l'examen, encore très complexe, des questions de détail et des affaires courantes, dont la bonne solution assure la marche régulière des services et les progrès que la marine réalise chaque jour;

2° A la formation des tableaux d'avancement pour les différents corps de la marine.

Ni l'une ni l'autre de ces attributions ne sauraient être confiées au conseil supérieur, dont les membres, exerçant des commandements à la mer ou dans les arrondissements maritimes, ne peuvent se réunir que rarement, à des époques variables, et pendant une période de temps aussi courte que possible.

D'un autre côté, on se demande depuis longtemps s'il ne conviendrait pas d'introduire en plus grand nombre, dans l'assemblée chargée de former le tableau d'avancement, des chefs ayant été récemment en contact et possédant par cela même une connaissance plus complète des aptitudes et des mérites des candidats dont ils ont à apprécier la valeur et à défendre les intérêts.

Le vœu de la marine ne peut être douteux à cet égard, et dernièrement encore, le Parlement, par l'organe de la commission du budget de la Chambre des députés, a appelé mon attention sur l'urgence de cette réforme.

J'estime que le moment est venu de la réaliser.

Dans ces conditions, le conseil d'amirauté n'aurait plus qu'à étudier les projets de lois, décrets et arrêtés, et à donner son avis sur les questions courantes. Cette mission, quelle que soit son utilité, ne saurait exiger la réunion permanente, à Paris, d'un grand conseil, composé de sept officiers généraux, d'un commissaire général, d'un directeur des constructions navales et de trois officiers supérieurs.

Elle pourrait être remplie, d'une manière plus économique et en même temps plus en rapport avec les besoins de la nouvelle marine, par une inspection générale dont les membres, délégués du Ministre, auraient à lui fournir, après leurs tournées périodiques, des renseignements et des avis sur le fonctionnement des divers organes qui constituent dans leur ensemble la marine tout entière.

Au lieu de séjourner dans les conseils, loin de l'activité maritime, ils se trouveraient sans cesse au milieu du mouvement général, et, par eux, le Ministre serait mieux éclairé qu'il ne l'est maintenant sur la marche des services et sur les modifications à y apporter.

Deux vice-amiraux et un contre-amiral, nommés pour deux ans, seraient respectivement chargés :

Le premier, de l'inspection des arsenaux, des bâtiments en réserve et de toute catégorie et, suivant les circonstances, des bâtiments armés et des écoles à la mer ;

Le second, de la mobilisation des divisions des équipages de la flotte et des écoles à terre ;

Enfin, le troisième, des défenses sous-marines, y compris les défenses mobiles des ports, des défenses des côtes en ce qui concerne les points qui relèvent de la marine et de tous les services des ports secondaires.

Un officier supérieur de la marine serait adjoint à chacun des inspecteurs généraux.

Ces inspecteurs généraux et leurs adjoints se réuniraient en comité chaque fois qu'il serait nécessaire, pour examiner les projets de loi, décrets, règlements et autres questions soumises aujourd'hui au conseil d'amirauté.

Le comité des inspecteurs généraux serait présidé par le plus ancien des deux vice-amiraux et assisté, pour les questions techniques, et suivant le cas, par les inspecteurs permanents de l'artillerie et de l'infanterie de marine ou du génie maritime. Le commissaire général membre de la commission des marchés et de la commission des machines et du grand outillage en ferait également partie. Un officier supérieur de l'un des corps représentés au comité remplirait les fonctions de secrétaire.

L'établissement des tableaux d'avancement serait confié à une commission spéciale dont les trois inspecteurs généraux de la marine formeraient la base, et qui serait composée d'une manière différente, suivant les corps dont elle aurait à classer les officiers.

La partie variable des membres de la commission de classement comprendrait :

1° Pour l'établissement des tableaux d'avancement des officiers de la marine, les officiers généraux et les capitaines de vaisseau ayant commandé des escadres et des divisions navales immédiatement avant les titulaires de ces commandements, au moment de la formation des tableaux ;

2° Pour les officiers fonctionnaires des autres corps de la marine, l'inspecteur général et des officiers généraux ou supérieurs de ces corps, le nombre total des représentants de chaque corps ne devant jamais être inférieur à trois.

Dans le cas où l'un des officiers généraux de la marine désignés ci-dessus serait empêché pour une cause de force majeure, il pourrait être remplacé par l'un des officiers généraux ayant commandé sous ses ordres, ou par son chef d'état-major, si cet officier n'est pas, toutefois, d'un grade inférieur à celui de capitaine de vaisseau.

La suppression du conseil d'amirauté aura pour conséquence de rendre à la disponibilité un certain nombre de vice-amiraux et de contre-amiraux. Mais la nécessité de former des divisions et même des escadres de première catégorie de réserve s'impose de plus en plus. La France ne peut tarder plus longtemps à entrer dans cette voie, et j'ai prévu au budget de l'année prochaine les crédits nécessaires pour commencer l'organisation de ces divisions, qui devra se poursuivre régulièrement.

Nos officiers généraux trouveront ainsi successivement, dans des commandements à la mer, le moyen d'utiliser, au plus grand avantage de notre flotte de guerre, leur expérience et leur dévouement. En outre, l'un d'eux sera placé à la tête du service hydrographique, dont l'importance, au point de vue de la navigation, s'accroît à mesure qu'augmentent les vitesses de nos bâtiments de guerre et de commerce, et dont il est indispensable de réunir les nombreux éléments dans la même main. Le chef d'état-major général était chargé de ce soin ; mais la nouvelle constitution de l'état-major général et le dédoublement des sections placées sous ses ordres ne lui permettent plus de suffire à cette tâche et d'ajouter cette responsabilité à celles qui lui incombent.

Comme conséquence de la création du comité des inspecteurs généraux, il y aura lieu de remplacer, dans le conseil supérieur, les inspecteurs permanents de l'artillerie de marine et du génie maritime par les préfets maritimes, qui n'en faisaient pas partie.

Les inspecteurs permanents traiteront, en effet, dans le comité, toutes les questions d'administration générale intéressant leurs services. Le conseil supérieur, dont la mission exclusive est l'étude de la préparation à la guerre maritime, ne doit comprendre que les vice-amiraux commandant en chef, qui auront à prendre les premières initiatives au moment de la déclaration de guerre, et le chef d'état-major général, plus particulièrement chargé de l'exécution des décisions adoptées. Le président du conseil des travaux, dont les fonctions sont purement techniques, ne doit être appelé qu'à titre consultatif pour les affaires de son ressort.

Les réformes que je viens d'avoir l'honneur de vous exposer, Monsieur le Président, répondent à des nécessités de premier ordre ; elles contribueront, je n'en doute pas, à donner une nouvelle impulsion au personnel, à tous les degrés de la hiérarchie, à simplifier, en les fortifiant, les rouages si nombreux et si délicats de l'administration de nos ports de guerre.

Loin de porter atteinte aux attributions et aux prérogatives des préfets maritimes, elles serviront à faciliter leur tâche et à accroître leur autorité ; enfin, elles permettront au Ministre de diriger avec plus de vigilance et de précision le mouvement de transformation et de progrès qui entraîne toutes les puissances maritimes et s'accélère, pour ainsi dire, de jour en jour.

Ces considérations m'ont conduit à faire préparer les projets de décrets ci-joints, que j'ai l'honneur de vous prier de vouloir bien revêtir de votre signature.

Je vous prie d'agréer, Monsieur le Président, l'hommage de mon profond dévouement.

BARBEY.

Le Président de la République française,

Sur le rapport du sénateur, Ministre de la marine,

Vu le décret du 5 décembre 1889, portant création du conseil supérieur de la marine,

Décrète :

Art. 1er. — Est modifié ainsi qu'il suit l'arti- 5 du décret du 5 décembre 1889 portant création du conseil supérieur de la marine :

« Art. 5 (nouveau). — Le conseil supérieur de la marine est composé de huit membres :
» Le Ministre de la marine, président ;
» Le vice-amiral commandant en chef l'escadre ;

» Les cinq vice-amiraux commandant en chef, préfets maritimes ;

» Le chef d'état-major général du Ministre de la marine.

» Le sous-chef d'état-major général est attaché au conseil en qualité de rapporteur.

» Les divers directeurs des services du ministère de la marine, ainsi que les officiers généraux ou hauts fonctionnaires, peuvent être admis au conseil, avec voix consultative, pour la discussion des affaires de leur ressort. »

Art. 2. — Sont et demeurent abrogées les dispositions du décret du 5 décembre 1889 en ce qu'elles ont de contraire au présent décret.

Art. 3. — Le sénateur, Ministre de la marine, est chargé de l'exécution du présent décret.

Fait à Paris, le 21 octobre 1890.

CARNOT.

Par le Président de la République :

*Le sénateur, Ministre de la marine,*
E. BARBEY.

---

Le Président de la République française,

Sur le rapport du sénateur, Ministre de la marine,

Vu les décrets des 21 mars 1858, 23 octobre 1871, 13 septembre 1875, 10 mars 1877, 14 août

1879, 9 mars 1880, 6 février 1884, 28 octobre 1886, 10 novembre 1886, 26 février 1887 et 20 juillet 1887, portant réorganisation du conseil d'amirauté ;

Vu le décret du 5 décembre 1889, portant création du conseil supérieur de la marine ;

Vu le décret du 21 octobre 1890, portant réorganisation du conseil supérieur de la marine,

Décrète :

Art. 1er. — Le conseil d'amirauté est supprimé.

Art. 2. — Il est créé trois emplois d'inspecteurs généraux de la marine qui sont attribués à deux vice-amiraux et à un contre-amiral.

Trois officiers supérieurs de la marine sont adjoints aux inspecteurs généraux de la marine.

Art. 3. — Les inspecteurs généraux de la marine font, lorsque le Ministre leur en donne l'ordre, des inspections dans les ports, les établissements de la marine hors des ports et aux colonies, à bord des bâtiments en réserve et, suivant les circonstances, à bord des bâtiments armés dans les divisions et dans les escadres armées ou en réserve :

1º Pour constater l'état des divers services de la marine, tant au point de vue du personnel que du matériel, dans toutes leurs parties constitutives et organiques, et imprimer à ces services, à la discipline, et à l'administration une marche active et régulière;

2° Pour contrôler l'exécution des ordres du Ministre et s'assurer de l'application des lois, décrets et règlements en vigueur relatifs à toutes les branches de la marine.

Ils sont accompagnés par leurs adjoints dans leurs tournées d'inspection.

Art. 4. — Un des deux vice-amiraux inspecteurs généraux est plus particulièrement chargé de l'inspection des arsenaux, des établissements de la marine hors des ports en France, des bâtiments en réserve, des bâtiments armés et des écoles à la mer.

Le deuxième vice-amiral est chargé de l'inspection de la mobilisation des inscrits, des divisions des équipages de la flotte et des écoles à terre.

Le contre-amiral inspecteur général est plus particulièrement chargé d'inspecter :

Le service des défenses sous-marines, tant dans les arsenaux qu'à bord des bâtiments armés et sur les côtes ;

L'école des défenses sous-marines ;

Toutes les défenses des côtes, en ce qui concerne les points qui relèvent de la marine, tous les services des ports secondaires, les établissements de la marine aux colonies, si besoin est.

Art. 5. — Les inspecteurs généraux peuvent exprimer leur avis sur tous les projets, de quelque ordre qu'ils soient, sur le service de la marine.

Ils peuvent prendre auprès du Ministre l'initiative de toute proposition ayant pour objet les perfectionnements du service de la marine, tant sous le rapport du matériel que du personnel.

Art. 6. — Les inspecteurs généraux rendront compte au Ministre, à la suite des inspections, de toute dérogation aux règlements qu'ils ont remarquée ou dont il leur a été donné connaissance.

Lorsqu'ils ont procédé à une inspection, soit du personnel, soit du matériel, ils rendent compte au Ministre de leur mission et font les propositions que les circonstances comportent.

Art. 7. — Les inspecteurs généraux de la marine envoyés en inspection correspondent directement avec le Ministre et avec les préfets maritimes et les chefs de service de la marine.

En dehors des tournées d'inspection, ils correspondent avec les chefs de service, au nom du Ministre et par l'intermédiaire du directeur compétent.

Les réponses de ces fonctionnaires sont adressées au Ministre par le préfet maritime et les chefs de service, sous le timbre « Comité des inspecteurs généraux de la marine ».

Art. 8. — Les inspecteurs généraux de la marine et leurs adjoints se réunissent en un comité spécialement chargé de l'examen de toutes les questions courantes et de l'étude des projets de loi, décrets, arrêtés ou règlements, et qui prend le nom de « Comité des inspecteurs généraux de la marine ».

Les adjoints aux officiers généraux inspecteurs ont voix délibérative dans les réunions du comité.

Le Ministre, seul responsable, n'est jamais lié par les avis du comité des inspecteurs généraux.

Art. 9. — Le comité des inspecteurs généraux de la marine est assisté, pour les questions techniques, et suivant le cas :

Du général de division inspecteur général de l'artillerie de marine ;

Du général de division inspecteur général de l'infanterie de marine ;

De l'inspecteur général du génie maritime ;

Du commissaire général de la marine, président de la commission des marchés et membre de la commission du grand outillage ;

Secrétaire, un capitaine de vaisseau ou un officier supérieur, du rang de capitaine de vaisseau, pris dans l'un des corps représentés au comité.

Tous ont voix délibérative dans la réunion du comité et dans les commissions dont ils font partie.

Art. 10. — Le comité des inspecteurs généraux de la marine est présidé par le plus ancien vice-amiral, qui porte le titre de président.

Art. 11. — Les officiers de marine en activité de service peuvent seuls être nommés inspecteurs généraux et font partie du comité.

Art. 12. — Les inspecteurs généraux de la marine et le secrétaire du comité sont nommés pour deux ans.

Ils peuvent être nommés pour deux autres années; mais ils ne peuvent rentrer au comité une troisième fois qu'après l'intervalle d'un an.

Art. 13. — Avant le terme de deux années, les inspecteurs généraux ne peuvent être remplacés que pour des raisons de service.

Art. 14. — Les inspecteurs généraux sont traités, sous le rapport des émoluments et des frais de tournée, suivant les règlements en vigueur.

Art. 15. — Le comité des inspecteurs généraux de la marine se réunit aussi souvent que l'exige l'examen des questions soumises à ses délibérations.

Il est réuni en séance plénière comportant les membres qui l'assistent, énumérés à l'article 9, sur la convocation de son président.

Art. 16. — Peuvent être appelés à prendre part momentanément aux travaux du comité des inspecteurs généraux, avec voix délibérative pour les affaires de leur ressort :

Le chef d'état-major général,
Les directeurs du ministère,
Le président du conseil supérieur de santé.

Lorsque les personnes désignées ci-dessus seront dans l'impossibilité de prendre part aux travaux du comité, elles pourront se faire remplacer, mais avec voix consultative seulement : les directeurs, par l'un des sous-directeurs ; le chef d'état-major, par un officier général ou supérieur placé sous ses ordres ; le président du conseil de santé, par un officier supérieur du service de santé placé sous ses ordres.

Art. 17. — Un règlement arrêté par le Ministre déterminera les mesures à prendre et les formes à suivre pour assurer l'exécution du présent décret.

Art. 18. — Sont et demeurent abrogées toutes les dispositions contraires au présent décret.

Art. 19. — Le sénateur, Ministre de la marine, est chargé de l'exécution du présent décret.

Fait à Paris, le 21 octobre 1890.

CARNOT.

Par le Président de la République :

*Le Sénateur, Ministre de la marine,*

E. BARBEY.

———

Le Président de la République française,

Sur le rapport du sénateur, Ministre de la marine,

Vu les décrets du 20 juillet 1887, portant réorganisation du conseil d'amirauté ;

Vu le décret du 21 octobre 1890, portant suppression du conseil d'amirauté,

Décrète :

Art. 1er. — Il est créé une commission chargée de former, chaque année, les tableaux d'avancement par grade des officiers de tous corps de la marine, susceptibles d'être avancés au choix et de classer les candidats inscrits.

Art. 2. — Cette commission est composée de la manière suivante :

Pour tous les corps sont membres de la commission :

Les deux vice-amiraux et le contre-amiral inspecteurs généraux de la marine, et le directeur du personnel, auxquels sont adjoints :

1° Pour les officiers de marine :

Les officiers généraux et les capitaines de vaisseau ayant commandé en chef des escadres et des divisions immédiatement avant les titulaires de ces commandements au moment de la formation des tableaux.

En cas où l'un des officiers généraux de la marine désignés ci-dessus serait empêché pour une cause de force majeure, il sera remplacé par l'un des officiers généraux ayant commandé sous ses ordres, ou par son chef d'état-major si cet officier supérieur n'est pas toutefois d'un grade inférieur à celui de capitaine de vaisseau.

2° Pour les mécaniciens :

Trois officiers supérieurs du corps des mécaniciens désignés par le Ministre.

3° Pour les officiers de l'artillerie de marine :

Tous les généraux d'artillerie de marine présents en France.

4° Pour les officiers d'infanterie de marine et de la gendarmerie maritime :

Tous les généraux d'infanterie de marine présents en France.

5° Pour les officiers du génie maritime :

L'inspecteur général;
Le directeur du matériel;
Un directeur des constructions navales.

6° Pour les officiers du commissariat :

Le commissaire général membre assistant du comité des inspecteurs généraux de la marine ;
Un commissaire général et un commissaire désignés par le Ministre.

7° Pour les officiers du corps de santé :

Le président du conseil supérieur de santé ;
Deux médecins en chef ou deux pharmaciens en chef, désignés par le Ministre, selon qu'il s'agit d'examiner les titres des médecins ou des pharmaciens.

8° Pour le personnel administratif des directions de travaux :

L'inspecteur général du génie maritime;
Un général d'artillerie de marine ou, à son défaut, un colonel d'artillerie de marine désigné par le Ministre;
Le directeur du matériel.

Art. 3. — Chaque année, et lorsque les rap-

ports d'inspections générales, les notes indivi-
duelles et les propositions pour l'avancement
émanant des autorités compétentes sont parve-
nus à la direction du personnel, le Ministre
désigne les officiers et fonctionnaires, autres
que les membres permanents, qui doivent faire
partie de la commission de classement, et don-
nera l'ordre de réunion de cette commission.

Art. 4. — Les officiers généraux et les capitaines de vaisseau ne seront pas compris dans
le travail de la commission de classement ; il en
sera de même des officiers des autres corps de
la marine qui leur sont assimilés, et des fonctionnaires dont l'assimilation est au-dessus du
grade de capitaine de frégate.

Art. 5. — Nul ne peut être avancé au choix
s'il n'est porté sur le tableau d'avancement de
son corps par la commission de classement ou
par le Ministre, conformément aux dispositions
de l'article suivant.

Art. 6. — En cas de faits de guerre, de services extraordinaires, de missions spéciales, de
commandements isolés, le Ministre pourra
inscrire d'office, sur le tableau d'avancement,
les officiers qui lui auront paru mériter cette
récompense.

Art. 7. — Les tableaux d'avancement des divers corps de la marine présenteront, pour
chaque grade, un nombre total d'inscriptions
égal au nombre des avancements certains par
suite des retraites par limite d'âge prévues
pendant les dix-huit mois qui suivront la formation du tableau, augmenté d'un nombre égal

à la moyenne des vacances qui se sont produites par des retraites anticipées, démissions, décès et mises hors cadres pendant chacune des cinq années précédentes.

Art. 8. — Chaque année, lors de la formation des tableaux d'avancement, la commission de classement appréciera de nouveau les titres des officiers qui y figurent depuis deux ans, si le cas se présente, et remplacera ceux qu'elle ne jugera pas susceptibles d'y être maintenus.

Elle maintiendra sur lesdits tableaux les officiers qui s'y trouvent inscrits depuis moins de deux ans.

Les officiers nouvellement inscrits seront classés par la commission de classement par rang de préférence, à la suite de ceux qui auront été maintenus et de ceux qui auront été portés au tableau l'année précédente.

Les officiers inscrits ou maintenus au tableau peuvent en être rayés pour faute grave, et à la suite d'une délibération de la commission saisie par le Ministre.

Art. 9. — Seront communiqués officiellement à la commission toutes les pièces et tous les documents qui pourront être nécessaires à ses travaux.

Art. 10. — La présidence de la commission sera toujours dévolue au plus ancien des vice-amiraux faisant partie de ladite commission.

Art. 11. — Chaque année, la commission de classement réunira, s'il y a lieu, dans un rapport d'ensemble, adressé au Ministre, les propositions et les vues qu'elle jugerait utiles d'émettre pour l'amélioration des diverses parties du service.

Art. 12. — Un règlement arrêté par le Ministre déterminera les mesures à prendre et les formes à suivre pour assurer l'exécution du présent décret.

Art. 13. — Sont et demeurent abrogées toutes les dispositions contraires au présent décret.

Art. 14. — Le sénateur, Ministre de la marine, est chargé de l'exécution du présent décret.

Fait à Paris, le 21 octobre 1890.

CARNOT.

Par le Président de la République :

*Le sénateur, Ministre de la marine,*
E. BARBEY.

---

Le Président de la République française,

Sur le rapport du sénateur, Ministre de la marine,

Vu les décrets des 5 novembre 1850, 18 juin 1883, 27 octobre 1885, 13 janvier 1886, 6 mars 1846, portant réorganisation des services hydrographiques de la marine,

Décrète :

Art. 1er. — Le service hydrographique est détaché de l'état-major général et confié à un officier général de la marine sous les ordres directs du Ministre.

Art. 2. — L'officier général de la marine chef du service hydrographique a sous ses ordres tout le personnel attaché à ce service et composé comme il suit :

L'ingénieur hydrographe en chef ;
Les ingénieurs hydrographes ;
Un officier supérieur de la marine chef du service des instructions nautiques ;
Les lieutenants de vaisseau attachés au service des instructions nautiques ;
Un officier de marine chef du service des instruments de navigation ;
Un officier de marine chef du service météorologique ;
Des officiers de marine attachés temporairement au service hydrographique ;
Un chef du bureau administratif ;
Un sous-chef ;
Un garde-magasin ;
Un bibliothécaire ;
Des commis,
Et divers agents, tels que dessinateurs, un photographe, des gens de service, des journaliers, etc.

Art. 3. — L'officier général de la marine chef du service hydrographique a toutes les attributions dévolues au chef d'état-major général par le décret du 6 mars 1886.
Il est président du comité hydrographique.

Art. 4. — L'ingénieur hydrographe en chef est chargé, sous les ordres de l'officier général chef du service hydrographique, de l'exécution des travaux qui s'effectuent dans l'intérieur du dépôt et qui se rattachent au service hydrographique.

L'officier général chef du service hydrographique peut lui déléguer sa signature.

Art. 5. — Le chef du bureau administratif est chargé de la préparation des marchés concernant le service hydrographique, de la vérification et de l'enregistrement des factures et autres pièces de comptabilité, de la tenue des matricules et, en général, de toutes les opérations administratives auxquelles peut donner lieu ce service.

Il a, en outre, dans ses attributions, la préparation des marchés relatifs aux fournitures des instruments de navigation ressortissant au service des approvisionnements de la flotte.

Il a la surveillance de la comptabilité des ouvrages composant la bibliothèque et du matériel placé dans les magasins de l'établissement.

Art. 6. — Le garde-magasin prend charge de tous les objets confiés à sa garde ; il en est responsable.

Il relève du chef du bureau administratif pour tout ce qui concerne la comptabilité de la police des magasins.

Il est placé sous l'action immédiate de l'ingénieur hydrographe en chef pour tout ce qui se rattache à l'arrangement, à la conservation et à l'entretien du matériel.

Aucun objet ne peut sortir des magasins sans

un ordre émané du Ministre ou, par autorisation du Ministre, sans l'ordre de l'officier général chef du service hydrographique.

Art. 7. — Les fonctionnaires, agents et employés de l'établissement hydrographique autres que les ingénieurs hydrographes et les officiers de marine sont assimilés aux fonctionnaires ou agents de l'administration centrale du ministère de la marine.

Le chef du bureau administratif est assimilé à un chef de bureau de l'administration centrale.

Art. 8. — Un conseil d'administration examine toutes les questions administratives qui concernent le service hydrographique.

Ce conseil est composé :

De l'officier général chef du service hydrographique, président ;

De l'ingénieur hydrographe en chef (ou en son absence de l'ingénieur hydrographe de 1re classe le plus ancien) ;

De l'officier supérieur de la marine chef du service des instructions nautiques;

Du chef du bureau administratif.

Art. 9. — L'entretien de l'établissement, du mobilier des bureaux du service hydrographique, a lieu par les soins de la direction de la comptabilité générale et sur les propositions de l'officier général chef du service hydrographique. Les fournitures de chauffage, d'éclairage et autres du même genre seront effectuées sur billets de demande signés par le chef du bureau administratif et visés par l'officier général chef du service hydrographique. Il y sera pourvu par le service intérieur du ministère.

Art. 10. — Un comité hydrographique examine les questions intéressant le service hydrographique.

Ce comité est composé ainsi qu'il suit :

L'officier général de la marine chef du service hydrographique, président ;

L'ingénieur hydrographe en chef ;

Deux ingénieurs hydrographes désignés par le Ministre, sur la proposition de l'officier général chef du service hydrographique ;

Un officier supérieur de la marine, désigné par le Ministre sur la proposition de l'officier général chef du service hydrographique.

L'officier supérieur de la marine chargé du service des instructions nautiques.

Les fonctions de secrétaire sont remplies par un sous-ingénieur hydrographe, qui n'a pas voix délibérative, ou par un lieutenant de vaisseau, désigné à cet effet.

En cas de partage des voix, celle du président est prépondérante.

Art. 11. — Les ingénieurs hydrographes et l'officier supérieur de la marine désignés par le Ministre pour faire partie du comité hydrographique sont remplacés après deux années d'exercice.

Art. 12. — Le comité hydrographique est appelé à donner son avis sur toutes les questions qui sont déférées à son examen par le Ministre et par l'officier général chef du service hydrographique sur l'utilité et le degré d'urgence de la rédaction et de la publication des documents hydrographiques, sur l'appréciation des divers travaux à exécuter, sur la suppression des documents devenus dangereux pour la navigation, sur l'acceptation des planches livrées par les graveurs.

Art. 13. — Un arrêté ministériel réglera le service intérieur de l'établissement et indiquera les formes à suivre pour la comptabilité du matériel, ainsi que la nature des justifications à produire par le garde-magasin pour garantir sa responsabilité.

Art. 14 — Sont et demeurent abrogées les dispositions relatives à l'organisation du service hydrographique de la marine qui sont contraires au présent décret.

Art. 15. — Le Ministre de la marine est chargé de l'exécution du présent décret.

Fait à Paris, le 21 octobre 1890.

CARNOT.

Par le Président de la République :

*Le sénateur, Ministre de la marine,*

E. BARBEY.

Par décret en date du 21 octobre 1890, rendu sur la proposition du sénateur, Ministre de la marine, ont été nommés inspecteurs généraux de la marine :

M. Devarenne (Ulysse-Auguste), vice-amiral ;

M. Olry (Jean-Baptiste-Léon), vice-amiral ;

M. de la Jailles (Charles-Edouard), contre-amiral.

Par décret en date du 21 octobre 1890, rendu sur la proposition du sénateur. Ministre de la marine, M. le contre-amiral Lefèvre (Auguste-Alfred) a été nommé chef du service hydrographique.

Par décret en date du 21 octobre 1890, rendu sur la proposition du sénateur, Ministre de la marine, ont été nommés :

Aux emplois d'officiers adjoints aux inspecteurs généraux :

M. le capitaine de vaisseau Daniel (Pierre-Jean) ;

M. le capitaine de vaisseau Giron (Antoine-Michel) ;

M. le capitaine de frégate de Bernardières (Octave-Marcel-Gabriel-Joachim).

Aux fonctions de secrétaire du comité des inspecteurs généraux de la marine :

M. Roussin (Alfred-Victor), commissaire de la marine.

———

Par décision présidentielle du 21 octobre 1890, rendue sur le rapport du sénateur, Ministre de la marine, M. le vice-amiral Layrle (Charles-Jules) a été nommé membre du conseil des travaux de la marine.

Paris et Limoges. — Imp. milit. Henri Charles-Lavauzelle.

PARIS ET LIMOGES. — IMP. MILIT. H. CHARLES-LAVAUZELLE

www.ingramcontent.com/pod-product-compliance
Lightning Source LLC
LaVergne TN
LVHW021056050726
842519LV00003B/1173